Revelação

YOLANDA TEIXEIRA MONTEIRO

Revelação

POEMAS DE VIDA

novo século®
SÃO PAULO 2010

PRODUÇÃO EDITORIAL Equipe Novo Século
IMAGEM DA CAPA José Eugênio Monteiro
PROJETO GRÁFICO Equipe Novo Século
REVISÃO Rubelita Pinheiro

Dados Internacionais de Catalogação na Publicação (CIP)
(Câmara Brasileira do Livro, SP, Brasil)

Monteiro, Yolanda Teixeira
Revelação : poemas de vida / Yolanda Teixeira Monteiro. – Osasco, SP : Novo Século Editora, 2010.

1. Poesia brasileira I. Título.

10-09262 CDD-869.91

Índices para catálogo sistemático:

1. Poesia : Literatura brasileira 869.91

2010
IMPRESSO NO BRASIL
PRINTED IN BRAZIL
DIREITOS CEDIDOS PARA ESTA EDIÇÃO À
NOVO SÉCULO EDITORA.
RUA AURORA SOARES BARBOSA, 405 – 2º ANDAR
CEP 06023-010 – OSASCO – SP
TEL.: (11) 3699-7107 – FAX: (11) 3699-7323
www.novoseculo.com.br
atendimento@novoseculo.com.br

À minha mestra Maria do Silêncio

Ao leitor

O mundo íntimo do ser humano dorme com as portas fechadas do seu santuário, onde se guarda. A quebra de uma parede sagrada só se justifica, se o derramamento consciente da "Revelação" borbulhar para a Vida de Transparência e Luz. Caso contrário, o âmago da alma do vivente deve continuar trancado, numa atitude de respeito a si e ao outro, até a superação na luminosidade do concerto existencial realizador.

A autora.

Prefácio

Não sou da área de Literatura, conheço muito pouco da Teoria Literária e não tenho uma experiência de leitura exaustiva nesse setor. Entretanto, como professor de Língua Portuguesa e apaixonado pela boa poesia, tenho lido o suficiente e tenho a sensibilidade necessária para dizer que *Revelação*, de Yolanda Teixeira Monteiro, está ao lado, senão à frente, das obras-primas da poesia contemporânea. Não é um texto para ser entendido na sua amplitude pelo leitor comum nem tampouco para ser decifrado pelo leitor insensível. São 53 poesias a constituírem um só texto, um só Poema. Suas poesias são densas, extremamente elaboradas e tão artisticamente construídas que exigem análise e mediação profundas a fim de que penetremos no seu conteúdo recôndito, em que a voz da alma do poeta dialoga com o transcendental. O poeta faz, em cada verso, uma apóstrofe à vida, personagem principal do poema. Trata-se de um grito da alma a questionar os enigmas da existência ao mesmo tempo em que se desnuda para revelar toda a energia com que busca a libertação. Assim se estabelece não apenas a revelação de sonhos, de angústias, de desejos, mas sobretudo um questionamento que vai desde o grito de alerta contra a inércia ["Por quê / Luta / Estéril, / Navio / Imerso, / Obliterado?"] até a consciência da sublimação (vitória?) da vida pela libertação da alma: "Ungida, agora, / Acredita, meu fardo, / Minha alma, na alegria. / Renasci." Vai desde a aceitação do silêncio, como se bastassem os sentimentos ["Dizer O Quê? / A boca eu calo. / Sentir é Viver. / (...) / Não conte. / Não precisa contar / O que você sente. / Sinta e viva."] até a consciência da necessidade de fazer explodir o seu grito e fazer parte da coletividade ["Quero cantar, / Quero dançar, / Quero viver, / (...) / Só eu? / Todos!"].

Por mais que eu tentasse decifrar o seu Poema, estaria apenas "interpretando-o" segundo minha sensibilidade, pois tenho certeza de que cada leitor descobriria significados diferentes (e isso é o que faz o texto verdadeiramente literário), com os quais certamente a autora nem sempre concordaria. O que poderia dizer sem medo de errar é que os 53 títulos de *Revelação* guardam uma coerência interna e uma evolução temática extraordinárias. O eu poético narra o seu percurso vivencial, deixando marcada, em cada momento, uma etapa do seu percurso, de sua maneira de sentir o mundo. Vai tecendo em cada poesia o elo, a malha, a célula do organismo histórico-poemático em que vai se transformar o poema como um todo. Por outro lado, dentro dessa unidade, cada poesia adquire vida própria e veicula a sua própria mensagem. Isso é extraordinário.

Merecem destaques a concisão, a precisão e propriedade da linguagem. Em cada palavra, em cada verso, se condensa um mundo de significados que vão desde a constatação empírica do cotidiano até às concepções filosóficas: "Paro. / Penso. / Analiso. // Sentido? / Sim, não, / Não, sim. // Não Viver?/ Por que o nascer?" Evidentemente, nada nesse Poema é gratuito, por isso o leitor deve estar atento para as palavras iniciadas por maiúscula no interior das frases. Eu não ousaria interpretar esse fato, mas guardo para mim a sua pertinência, a sua relevância. É como se ali o grito do poeta se elevasse tentando chamar a atenção para a importância semântica daquele vocábulo.

Como afirmei no início, tudo que disser será fruto de minhas impressões como leitor sensível ao que é Belo, ao que é verdadeiramente artístico. Ousaria, pois, finalizar exteriorizando minhas impressões sobre alguns pontos que mais me chamaram a atenção:

1. Embora a primeira frase do Poema possa parecer um tanto negativa ["Pouco importa"...], ficam patentes o positivismo, a perseguição do Ideal, a busca de realização plena: "Esperar o quê?! / Sei lá... // Para Viver / Sempre encoraja / O desejo de vencer." "Consciência. / O Ideal anima a vida / (...) / Beijo-te, Vida! / Ó Ideal, ósculo da Fonte!"

2. Digna de nota é a exortação à Ação em busca da Libertação, da realização pessoal: "Acorda, que tempo sempre dá! Ainda de ti sinto pena, / Acorda, Reage!... / Rompa-se a tua cegueira!" Ou o reconhecimento de que a vida não é inútil e que a luta, a persistência são necessárias: "Se me esforço, / Talvez consiga / Só ver flores, / Ouvir alegres cantos, / Só sorrir feliz! Mesmo com o que não quis / Porque me encontro no que fiz..."
3. Como todo ser humano e, especialmente como todo poeta, há os momentos de angústia, de sentimento de impotência, quando a alma grita por socorro, grita pela liberdade, e o poeta pede socorro às palavras (e não às ideias, como ele diz): "Meu Deus, / Nada escrevo, / Fogem-me as ideias... / Pende-me o braço, / Enquanto meus olhos te sentem, / Meu Deus!" Fica claro o desejo de liberdade, de fuga aos preceitos, nesta passagem: "Angústia Interminável // (...) / Çapato é com esse. / Angústia sem remédio. / Clamo-te, / Libertação!" No trecho que se segue, a denúncia de opressão e, mais uma vez, o pedido de socorro, a busca da liberdade, que culmina com a criação de uma cena dramática. É o apelo ao Criador para que livre o poeta da inércia, ainda que isso lhe custe extremo sacrifício: "Será que consigo ser um pouco mais eu / E não um ser anulado por pata / Que, sem motivo, não mata, só judia, // (...) / Deus, ajuda-me! / Empurra-me, derruba-me, chicoteia-me / Ergue-me, Joga-me de novo no chão, / Mais chicote, Deus, / Mas muda-me de lugar!"
4. Finalmente quero dizer à poeta que a humanidade expressa em "Finjo que te possuo, ó musa" só faz engrandecer o seu poema que, afinal, é uma mostra de que numa época em que a literatura descamba às vezes para a apelação, surge alguém para dar uma lição de como se faz poesia de alta qualidade, com a sublimação da forma. Por isso quando diz: "Finjo que

te possuo, ó musa, / Tentando o disfarce do medíocre em mim. / Quem sabe, um dia, triunfarei em versos, / Transformando desejo em verdade, enfim!", estava vaticinando, em metalinguagem, o triunfo deste texto. Aí estão a posse da musa e a soberania dos versos!

Araraquara, 12 de outubro de 2004.
Sebastião Expedido Ignácio

Índice

20.5.1972

Pouco Importa
Louca loucura,
Imensa loucura,
Negra aventura,
Idiota esperança,
Mar fatídico...

Foge a mente, sem dúvida,
Enquanto não vibra
Resultado.
Jamais parece
Aparecer
No auge
Suave esperança.

Mundo imenso!
Mar de fatalidade, não!
Não quero Morrer!
Não quero!

21.5.1972

Pobre
Lida
Infeliz!
Nada.
Dor
Imensa!

Humana Estrela surge
Fecunda,
Resplandecente!
Nuvem
Alguma,
Jamais.
Plácida
Estrela
Feliz,
No saborear
Em segundos
O que não quis!

24.5.1972

Por quê
Luta
Estéril,
Navio
Imerso,
Obliterado?

Força Viva
Reanimando-me!
Nunca
Parada
No Esperar Sedento.
Salutar dia,
Estoure!

30.5.1972

Largo Passo!
Máscara caída,
Agora laço.
Rica
Náusea,
Porém.

Sonho,
Esperança,
Euforia,
Gozo...

Agora,
Numa mala,
Vão,
Em ombros feridos,
Nos nauseabundos dias queridos,
Com o fervor
Do Amor que embala.

30.5.1972

Esperar o quê?!
Sei lá...

Para Viver
Sempre encoraja
O desejo de vencer.

Pelo que não tenho,
no viver mergulho.
O que espero Vivo!

Bendito alimento,
Que extasia!
Branca espuma,
Que alivia!

30.5.1972

Gozo buscado
Da vida
Do outro lado.
Gozo no inconsciente,
Constante riso,
Na visão de contente.

Com confuso sonho,
De ilusão sinônimo,
A Dor transponho?
Pulsante ilusão,
Jogo,
Prazer...
Combate anônimo,
Vazio
De brio,
De Vida antônimo.

Impera Gozo,
Vibra
Gozo
Para não ver o visto
Vazio de visão!

30.5.1972

Consciência.
O Ideal anima a vida.

Crença, problema sério,
Real solução de todo vitupério.

Luz do Dia,
Clarão da Noite!

Farol das trevas
Do fim do Dia!

Beijo-te, Vida!
Ó Ideal, ósculo da Fonte!

20.6.1972

Angústia Interminável,
Náusea da existência.
Tudo terminou.

Ódio de viver,
Nunca mais esperar
Imensidade,
Mar de sonhador!

Rio de sofrimento,
Esmola do viver.
Nada mais transborda.

Doida vida!
Ocaso desta vida,
Nojo de prazer.

Çapato é com esse.
Angústia sem remédio.
Clamo-te,
Libertação!

28.6.1972

Vinte anos.
Dor maiúscula,
Interminável...
Vagalhões na alma
Aniquilada,
Dura inércia!
Vencida, enfim, parada perniciosa.

Dúvida
Inteira
Vai-se
Arrancada...

Diviso o mundo imenso e profundo.
Vitória, quero-te, angustiante embora!

Vaguei
Incontrolavelmente
Durante o espaço
Amortecedor do golpe...

Vitória, tenho-te agora desabrochada!
Acolho a dor que em mim mora.

30.6.1972

O Que Não Pode Quer,
O inatingível deseja,
O irreal cobiça,
O impossível alveja.

Sua realidade pobre ignora.
O que não lhe é eco põe fora.
De valor fictício se gloria,
Tira de quem pode a alegria.

Arranha a ferida alheia.
Galgar degraus do outro bloqueia.
De inveja morre.
Age como em porre!

No existir sem ver chão,
Puxa, na fúria, para a ruína
E, maldosamente, na surdina.

Acorda, que tempo sempre dá!
Ainda de ti sinto pena,
Acorda,
Reage!
Não admites por quê
Que se rompam
De teu existir
As glórias chãs,
Só misérias?
Rompa-se a tua cegueira!

2.7.1972

Morrer De Tédio
E de inveja,
Buscando uma vida tonta
Que fez de tua existência
Um vazio de ponta a ponta?

Gostarias de um mundo diferente...
Por que com o hoje não vibras?

Perdendo-te vives ainda
Em lamúria mórbida infinda
Hibernando teu consciente!

5.7.1972

Gloriosa
Esperança do
Raio
Triangular Divino!
Rica
Unção!
Doce
E equilibrada
Sanção!

6.7.1972

A vida é.
Amofinar-se para Sempre?

Bem suas ciladas,
Enfeitou-as
Bofetão!

Rindo ficou ninguém.
Do mundo a volta
A todos devolveu
A flor que não cresceu.

Chorem agora!
Agora chorem!
Chorem tudo aquilo
Que no egoísmo
Plantaram em quilos!

Perdoem-se a todos
Juros de mora!
Ó Tudo, queima-os.
Místicas flores
Seu pranto perfumem.

16.7.1972

Sinto Como Existência,
Não quer dizer que eu sinta.

Deus não vai entender,
Se isto é Vida?

Cristo não é ignorante.
Então me conforto!

Se não Vivo,
Sofro.

Deus quer o Sofrer
Mais que o Viver?

É um mundo o que vivo.
É sincero o meu viver.
Finjo?
Não finjo!
É sincero!

Enganar-se? Como?
Na sinceridade,
Impossível, diferente.
Onde está o erro?

16.7.1972

Abismo À Vista,
Visto só no pisar.
Ingenuidade explica
Doce e feliz optar.

Reação?
Problema!
Sério dilema!

A solução?
Para que o Sonhar?

16.7.1972

Por Que Hei De Sofrer
Um fardo da Existência?

Apego, não mais me pegas!
Embora sorriste, um dia,
Zangado estás agora.
Arrefeceu-te a alegria!

Sinto-o, ó Branco, mais lindo ainda!
Esqueça a sombra que tentou cobri-lo.
Mentiria, escondendo
Poesia excelsa que é você da minha Vida!
Reclamo...
Antes ardesse sempre enlevo!

Tudo, ó Branco, leva-me a beijá-lo!
Em tudo, ó Branco, quero agarrá-lo!
Ambição santa de possuí-lo.
Música longínqua em pressentí-lo pleno.
Extaticamente, imagino-o.

16.7.1972

Dizer O Quê?
A boca eu calo.
Sentir é Viver.

Vivo sentindo
Aquilo
Que não digo.

Música?
Não force.

Viva
A música da vida
Em vibração.
Viver!

É morte
Não Viver.

Vibre!
Sinta!
Viva!

Não conte.
Não precisa contar
O que você sente.
Sinta e viva!

28.7.1972

Mundo escuro,
Inconsciente
Destruição.

Drama
Em ação.

Engrenagem
Malfadada,
Não fosse
A reação

Para passos claros constantes,
Numa consciente caminhada.

5.10.1972

Não Sei Por Quê
Tudo lento,
Demorado!
Tudo névoa,
Espaço turvo.
Anos e anos mais anos,
Mas chega o encontro.

Encontro que estoura,
De colorido e estrondo não iguais,
Mas sempre encontro.

Para tudo uma hora,
Quando existe o esperar.

Sentir não só.
A paciência de esperar!

Esperar não só.
A vontade de encontrar!

Encontrar não só.
O desejo do estourar!

20.10.1972

Cansaço. Cansaço.
Não se pode crer.
A vida continua bem!

Deus,
Você é mesmo o Amor.

Eu creio
Em você!

E me aguento
E abraço tudo,
Até o mundo
Que também
Cansaço tem.

E até acho bom
Tudo, e pouco.

Cristo,
Para mim
Você é tudo.

Tudo é pouco.
Quero sentir mais
O tudo
Que você é
Para aumentar até
O meu pouco.

Eu quero
Amar
Mais.
O cansaço não importa!

20.11.1972

Paro.
Penso.
Analiso.

Sentido?
Sim, não,
Não, sim.

Não Viver?
Por que o nascer?

11.5.1973

Felicidade.
Vida!

Sacrifícios, trabalhos.
Presença física,
Presença de espírito.

Passos físicos,
Passos de preocupação,
Passos de interesse.

Passos de atenção,
Passos de dedicação,
Passos de amor.

Autenticidade no amor,
Amor provado,
Amor vivido.

Contagiante amor pôs em mim!
Quem?

1.6.1973

Clóvis Bevilacqua,
Ônibus, bonde, lotação,
Um mundo de atenção!

Desejo a qualquer um
O universo que me bateu!
E a vítima
Ou não vítima
Não o sorveu!

12.9.1973

Aguardo e vivo
O almejado fruto
Da Senda Larga,
Úmida e pesada.

Vir-me-á o prêmio,
Vestes de ouro
Para a Festa brotadas
Do escavado veio imenso.

30.11.1973

Vida!
Será que alguém
Não a quer?
Ou para a cegueira
Foi veículo a vida chã?

Acorda tua alma anã,
Pobre infeliz sem luz,
Corta o fardo do viver!

30.6.1974

Invento coisas?
Vãs, não vãs...
As melhores?
Imaginação esgota-se até.

Paro.
Examino.
Absurdas soluções!

Abomino-as,
Controlo-me, porém.
Dúvida, enfim, não!

Consolo-me.
Não navego só.

Morra tédio!
Venha tranquilidade!
Morram forças de camaleões!

15.8.1974

Na penumbra da noite,
Ouvi vozes calorosas...
Acordando,
Pensei
No esquisito sentido
De um palpite querido.

No fundo,
Imagino
Um dizer da Providência,
Endireitando-me a existência,
Realizando mundo meu de sonho!

Na vida, a esperança ponho
De dias alvos,
De noites lúcidas,
De manhãs risonhas,
De tardes amorosas,
De fim de semana gostoso,
De convívio sincero,
Que sempre quis e quero!

16.7.1975

Ah, sete maravilhas!
Envolve-as, ó Branco!
Basta,
Ó Deus!
O peso é muito...
Não aguento mais!
Basta,
Ó Deus!
Não aguento
Mais.
Tem
Dó!

Meu Deus,
Nada escrevo,
Fogem-me as ideias...
Pende-me o braço,
Enquanto meus olhos te sentem,
Meu Deus!

1.8.1975

Esfacelam-se
Sentimentos brancos.

Ancoradouro,
Espere-me!

De arte e de harmonia
Jamais a vida eu vivia,
A não ser quando
Arrancava o pranto,
Enxergando você!

E assim continua
O rodopiar frio na rua
De uma vida nua,
em dias até ensolarados.

Uma vez mais,
Espere-me,
Ancoradouro!
Perder-me por quê?

22.8.1975

O que almejo eu,
Se sombra
Já nem vejo?!
Certo é, garra,
Não mais me amarras!

Convicção e coragem,
Num estrondo, estouraram
E eu me sustento
Como caniço gigante,
Vencendo pisadas,
Além do vento.

Nem vulto enxergo,
Mas vivo figuras
Que tu, traição,
De jeito algum furas.

A elas me agarro,
Vindo-me força,
Num combate cego.

8.5.1976

Será que consigo ser um pouco mais eu
E não um ser anulado por pata
Que, sem motivo, não mata, só judia,
Ameaçando
Que,
De uma hora para outra, esmagará,
Num simples acionar de pé, senhor absoluto,
O pobre ser,
Que vive e agoniza,
Nessa expectativa,
Vivendo até sem se mexer,
Cada dia que passa?!

Chega!
Chega!
Por que eu, um pobre ser estúpido,
Nada fazendo,
Até que
Fosse pobre continuar sendo,
Saindo, porém,
Da sombra da doentia pata?!
Na sombra,
Jamais conseguirei ser,
No horror
Dessa minha falta de coragem,
Bloqueio desalmado
Dessa minha viagem,
Esperada por ti, ó Deus!

Deus, ajuda-me!
Empurra-me, derruba-me, chicoteia-me,
Ergue-me,
Joga-me de novo no chão,
Mais chicote, Deus,
Mas muda-me de lugar!

13.9.1977

Matar-te não posso.
Odiar-te não devo.
Aniquilar-te não quero.

Prefiro viver o amor
Ao tom da sonoplastia.
Prefiro viver do canto.
Prefiro a beleza da vida,
Todo dia,
Esperando o teu virar.

A Vida, tive-a na realidade e vivo,
Vendo-te pobre ator desmantelado.
No meu mundo profundo,
Valsas, flores, na lista do amor.
Vivo a Vida!
Que mais quero?

2.3.1979

Não me pega mais o canto triste
De nada poder ser,
Embora vibrante de vida,
Pois esmagado meu mundo pelo peso
De um domínio louco e ilógico.

Só de alegre passar a ser o canto,
Já se arrefeceu o domínio,
Que já não rumino,
E já se retorce,
E já se esmaga,
E já não mais fere,
E me deixa viver,
E já sou.

2.3.1979

Sacode-me a alma
O eco de adeus.

Os céus mexeram comigo.
Reação brotou-me
E aqui estou.

13.8.1956 - 13.8.1981

Visão bem cedo tive de realizações.
Imaginava os degraus galgados.
Na vida da Providência, vivi e esperei
Tesouros luminosos,
Enriquecendo inexplicável caminhada.

Embalo, só com o sopro do Amor!
Como ignorar verdade visível,
Indo ao auge uma chegada em pé?

Nutrindo ainda forças de mais passos,
Como não ver, Senhor, as mãos tuas,
Obliterando massacre até?

25.4.1984

Arremessando logo,
Para um longínquo infindo,
Estúpido e negativista
Linguajar já quase falido,
Unjam-se-me vitórias de encontros
Impunes de intenções,
Louváveis todas,
Pois, a largos passos,
Cada caminho,
Com alegre colorido,
Carinhosamente cobrindo.

27.5.1984

Se me esforço,
Talvez consiga
Só ver flores,
Ouvir alegres cantos,
Só sorrir feliz,
Mesmo com o que não quis,
Porque me encontro no que fiz...

27.5.1984

Alegre Marcha Fúnebre,
Que mostrou o céu a cegos,
Tardiamente embora.
Gargalho, porque chora
Não só um, afinal...
Choram todos
Pranto de encontro fatal.

27.5.1984

Gotejam místicas alegrias
Em cérebro cansado,
Por balanço do fado,
Feliz, ricamente feliz,
Embora de rubro matiz,
Abençoando quem só maldiz,
Lamentavelmente não encontrado.

16.7.1984

Gargalhando para um azul de céu,
Sob um igual, um dia, alguém virou papel.
Remonta à minha mente agora
A manhã de um sol claro,
Claro em tudo,
Até no real mudo,
Dilacerador
De um sentir límpido
Do início de página fatal!

Mais e mais centelhas de esperança.
Descrente, acreditando sempre
No vasto mundo,
Que nem sequer
Curto e enganador viria,
Até que apenas para consolar
Vida feita de sonhos,
Impulsionando-a ainda que fosse
A mais sonhar.

29.12.1985

Zombando sempre dos outros,
Ocultando teus baixos medonhos,
Rindo tontamente do erro alheio,
Errando a cada passo,
Infeliz, ó infeliz, basta de rodeios!
Ataca teus males,
Muda de anseios!

5.1.1986

Agruras suavizadas com ternura
Tecem vidas quase trucidadas...
Rebentos gigantescos se avolumam,
Regados com alagada doce face!

21.2.1986

Finjo que te possuo, ó musa,
Tentando o disfarce do medíocre em mim.
Quem sabe, um dia, triunfarei em versos,
Transformando desejo em verdade, enfim!

Ó dia, ouve, ó dia!
Sonhado dia, ouve!
Ouve o poeta fingidor doído,
Que, sangrando a alma,
Chora de não ser ouvido!

16.4.1987

Jamais me achei pouco louca!
Em momento algum, feriu-me a boca
Machadada atroz com destino de calar-me.

Dúvida não me resta!
Adormecida ou viva,
Pelos cantos todos,
Matizarei, com colorido rubro embora,
Lacuna de quem não importa,
Larga até de fechadas portas!

Moverei montanhas,
Sem vontade pouca!
Escrúpulos não me vêm,
Mesmo balançando mundos
Imersos, mas daninhos,
Atacando qualquer bem!

15.8.1987

Na grande agitação das massas,
O ledo sopro soa forte e caça
Quem primeiro o negativo sopra
Por sadismo ímpio,
Em vendaval da turva sorte.

Não me perguntem
Tudo o que sinto,
Nada direi
E, se eu disser, eu minto.
Finco meus olhos no vácuo turbulento
Até quando...
Não sei se aguento.

Vão-se sombras, que nem as quero,
Vão-se feras, que assim me livro!

Anjos meus,
Com sorriso aliso
Cabeças frescas suas
Com calor que vivo!

18.8.1987

Engoliu-te a tumba, poeta, meu colega,
Arrancaste-me choro, companheiro.

Viveste ignorando realidade minha,
Nunca supondo que tanto eu te admirava,
Ó "gauche",
De alma sem medida!

Dorme em paz,
Que te juro, te prometo.
Palavras trabalhadas,
Multiplicando-me produções,
Sonhos também meus,
Hão de sair
Das pastas adormecidas no regaço, até então,
Do mundo também vasto meu!

20.5.1988

Como é impossível mudar
O mutável que vive imutavelmente!

Não lhe passa a vida
De sombra fantasmagórica doída,
A só formar vácuo largo,
A roer-lhe a paixão eterna de grandezas,
A pobre ilusão que hiberna,
Pelo vazio de ponta a ponta.

14.7.1988

Quando meu dia chegar,
Adormecida sorrirei ao sorriso imenso,
Adentrando a célebre varanda,
Por mãe oscilante convidado
A que, a me esperar, se sentasse...

Ó banco verde, ao me pôr a seu lado,
Com blusa lisa de seda amarelinha,
A sós, no se afastar minha santinha...
Já não mais te vejo!

Ah, se existisses ainda, meu confidente,
Bem confidente, confidente perfeito,
Quem sabe
Ainda agora te faria chorar,
Com desabafo da cena perdida...

Baixinho te diria
Que a madeira, um dia
Não mais a tua,
Mas a envernizada de escuro,
No aconchego do Além me abraçando,
Acobertando-me,
Guardará a vontade incrível,
Da cena querida voltando.

Agora eu te sorriria, ó banco,
Com sorriso daquele dia o mesmo,
Que em seus lábios
Não vi que era imenso!

25.2.1990

Quero sorrir,
Quero cantar,
Quero dançar,
Quero viver,
Abraçando realidades
Com encanto sentidas,
Na certeza confiante de ser!

Só eu?
Todos!

30.5.1990

Falando claro,
Oprimida sorriu,
Gemeu apagada
Minha alma tenra no ideal.

Ouve, agora.
Desprendida,
Sem rancor,
Sofri.

Ungida, agora,
Acredita, meu fardo,
Minha alma, na alegria.
Renasci.

30.5.1990

Fogo frio
Embalado
Ontem e sempre,
Num temor constante.
Gaguejado
O rico esforço oculto,
Ameaçado
Até só por seu olhar.

Singra em águas calmas caloroso barco...
Urge o estouro da minha chegada
Já sem trêmulos sentimentos.
Vejo agora
Cores límpidas,
Em Água Viva.

12.2.1992

Temperamentais que sejam,
Em transparências simuladas,
Investidas ininterruptas ao alvo de tua ira?

O pobre alvo, a xadrezar apenas
Alvuras sagradas, sonhadas,
Tremendo, no pesar de vê-las maculadas.

Razão feroz, imensa e falsa
A de avultar fluidez disfarçada,
Em incontáveis tristes cenas,
Sem pesar o mal derramado.

Certo é
Um bem tamanho e justo,
Manobrando-se as pedras com entrega e fé.

Caminho claro vem agora!
Muda-se a tristeza, sem demora,
Em gargalhadas pueris e santas,
No escapar de garras múltiplas até.

24.3.1992

Salve instrumento de Deus, a Montenegro!
Caminho pelos prados, vales...
Estrada de Cornélia da Adélia...
Quero colocar em lápide camélia,
Aroma de meu livro morto ressuscitado.

Por aqui minha mãe passou...
Por aqui meu pai passou...
E até junto passei outras vezes.
Meus filhos também passaram!
Ele sozinho também passou.

Por que almejo levar hoje todos pela estrada de históricas viagens,
Menos um, que me arrepia?
Já sei!
Porque hoje, ainda, acionou a velha máquina
Da antiga fábrica de minhas agonias...

Chego lá, Fernanda!
No Teatro Municipal
De Adélia Prado você falou,
Nem sabendo,
Para mim.

Não sei se você me viu.
Eu vi
Que você me viu!
Meus cabelos brancos sorrindo,
Em meio das faces jovens.

Borbulharam-me lágrimas de realização,
Até na arte de sentir, em outro sonhador,
A arte do desejo de não morrer,
Sem cheirar camélias,
Antes mesmo de ser Adélia!